VENTE A LEVALLOIS-PERRET (Seine)

128, Rue du Bois, 128

Le Vendredi 11 Décembre 1903, à 2 h. 1/2

———— ✳ ————

BELLES SCULPTURES

EN PIERRE

PROVENANT DU

CHATEAU DE MONTAL

(LOT)

CHEF-D'ŒUVRE D'ARCHITECTURE

DE LA RENAISSANCE FRANÇAISE

——✳——

PARIS

DÉCEMBRE 1903

IMPRIMERIE C. CHAUFOUR

8-10, RUE MILTON, 8-10

PARIS

BELLES SCULPTURES EN PIERRE

PROVENANT DU

CHATEAU DE MONTAL

(LOT)

CONDITIONS DE LA VENTE

Elle sera faite *expressément* au comptant.

Les adjudicataires paieront *dix pour cent* en sus des enchères.

Les expositions mettant le public à même de se rendre compte de l'état des objets, il ne sera admis aucune réclamation une fois l'adjudication prononcée.

Les acquéreurs auront un délai *d'un mois* pour procéder à l'enlèvement des objets, dont tous les frais seront à leur charge et à leurs risques et périls. Le commissaire-priseur et les experts déclinant toute responsabilité au sujet des avaries et accidents pouvant arriver auxdits objets, sitôt leur adjudication prononcée.

N.-B. — Voir, annexées au présent catalogue les reproductions en phototypie des principaux motifs de sculpture.

Imprimerie G. CHAUFOUR, 8-10, rue Milton, Paris

CATALOGUE

DE

BELLES SCULPTURES EN PIERRE

PROVENANT DU

CHATEAU DE MONTAL

près de SAINT-CÉRÉ (Lot)

CHEF-D'ŒUVRE D'ARCHITECTURE DE LA RENAISSANCE FRANÇAISE

PORTES — LUCARNES

GRANDE FRISE

QUATRE BUSTES

AVEC LEUR ENCADREMENT ET LEUR COURONNEMENT

STATUE, STALLE & FRAGMENTS DIVERS

DONT LA VENTE JUDICIAIRE PAR SUITE DE RÉALISATION DE GAGE

AURA LIEU

à LEVALLOIS-PERRET (Seine), 128, RUE DU BOIS

Le Vendredi 11 Décembre 1903

A DEUX HEURES ET DEMIE PRÉCISES

Mᵉ Louis LIBAUDE	MM. PAULME & B. LASQUIN fils
COMMISSAIRE-PRISEUR	EXPERTS
6, Rue Baudin (Square Montholon)	10, Rue Chauchat — 12, Rue Laffitte

EXPOSITIONS

PARTICULIÈRES	PUBLIQUE
Au lieu de la vente	*Au lieu de la vente*
les Mardi 8 et Mercredi 9 Décembre 1903	le Jeudi 10 Décembre 1903

DE 9 HEURES A 5 HEURES

AVANT-PROPOS

Le château de Montal, d'où proviennent les admirables sculptures qui font l'objet de cette vente, situé dans le Haut-Quercy, canton de Saint-Céré (Lot) fut commencé au début du XVI° siècle, exactement en 1523, ainsi qu'en fait foi une inscription retrouvée dans les soubassements du château, et qui, en même temps que cette date, nous fait connaître son premier possesseur.

« Jehane de Balsac, dame de Motal (sic). *Ceste œuvre fit édifier, l'an MCCCCCXXIII. »*

Dans la *Chronique des Arts* (janvier 1881). M. *Ed. Bonnafé*, savant amateur, érudit et éclairé s'exprimait ainsi en analysant ce merveilleux bijou d'architecture. « Montal est contemporain de Blois, de « Chambord, d'Ecoville, d'Arnay-le-Duc. C'est le « même art jeune, libre, vivant et remuant, avec ses « licences et ses incorrections de génie, un mélange « singulièrement savoureux du vieux gaulois et de la « jeune antiquité. Les moulures sont délicates, ner- « veuses, les profils fermes, bien équilibrés, les pro- « portions excellentes, les chapiteaux étudiés avec soin, « l'ornementation pittoresque, abondante, et tout cela « mené avec un esprit, un entrain, une verve « incroyable. »

Le château de Montal, que Brantôme citait déjà comme une merveille, resta inachevé et ne comporta jamais que deux corps de logis en équerre, formant les deux côtés d'un quadrilatère qui ne fut pas entièrement réalisé. A chacun des angles s'élève une tour engagée coiffée d'une toiture comique s'amortissant sur une corniche à petits corbeaux. Une autre tour carrée servant d'escalier est agrémentée d'une petite tourelle en encorbellement. Entre cette tour carrée et celle ronde qui termine l'aile du bâtiment se trouvent une série de croisées dont l'une d'elles porte, gravés dans la pierre, ces mots : *Plus d'espoir!* D'après la légende, Rose de Montal aima et fut aimée de Roger de Castelnau; mais Roger séduit par les charmes d'Eléonore de Lavaur délaissa Rose, qui se serait précipitée par cette croisée en jetant le cri de désespoir qu'on retrouve un peu partout dans la décoration sculpturale de l'édifice. Voici pour l'extérieur. Les façades intérieures de la cour forment trois étages et de ces façades proviennent les motifs décoratifs décrits plus loin.

Au-dessus d'un rez-de-chaussée à quatre ouvertures régnait dans tout le développement des bâtiments une haute frise, largement traitée, où se poursuivent des rinceaux, des arabesques, des chiffres en extraordinaires bas-reliefs de la plus luxuriante imagination.

Le 1er étage est éclairé par des fenêtres laissant entre elles de larges trumeaux où se voyaient dans des médaillons circulaires surmontés de tympans triangulaires, les bustes des seigneurs de Montal; motif décoratif d'un usage rare à cette époque.

Une corniche courait au-dessus de cet étage que dominaient au droit des fenêtres, de monumentales lucarnes dont les découpures capricieuses, se profilant et s'épanouissant sur les combles, en rompaient heureusement la monotonie et l'uniformité.

Dans ce chef-d'œuvre d'architecture privée de la Renaissance, rien ne fut négligé par les admirables artistes anonymes qui l'édifièrent, et pour tous ceux qui s'intéressent aux œuvres du passé, nous ne pouvons passer sous silence, bien qu'il ne fasse pas partie de cette vente, le merveilleux escalier du château, encore à peu près intact actuellement et qui de tout temps a fait l'admiration des visiteurs. Nous croyons donc être utile aux curieux et aux archéologues en faisant mention de ce bijou d'art dont nous essaierons de donner une faible idée en une sommaire description.

Cet escalier monte dans un rectangle coupé en deux dans le sens longitudinal par une muraille percée à chaque étage de deux arcades, disposition originale permettant d'apercevoir d'un étage quelconque l'étage inférieur. Les marches sont encastrées, d'un côté au mur latéral et de l'autre à la muraille centrale dont l'une des extrémités est une vis autour de laquelle tourne l'escalier. Celui-ci s'éclaire par une croisée à meneaux. Le plafond est entièrement couvert de sculptures variées, et le dessous de chaque marche est un cadre où l'artiste a prodigué des amours, des griffons, des dauphins et mille autres ornements divers de la plus ravissante exécution.

On trouvera à leur place la désignation de la grande porte du manoir aux armes des Montal, et une autre plus petite, dite de François Ier qui se voyait au Ier étage. Enfin, une délicieuse stalle double et quelques fragments de moindre importance.

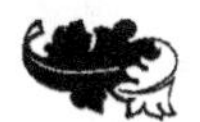

DÉSIGNATION

LA FRISE

La frise a trente-deux mètres environ de développement et se déroulait sur place en dix compartiments, comprenant 45 pierres, dans l'ordre suivant :

1 — Le PREMIER MOTIF représente deux sirènes au milieu de rinceaux.

2 — Le SECOND a pour point central, un écusson mutilé flanqué des initiales de Jehanne, cantonnées de 4 croix de Saint-André. De chaque côté sont des personnages dont le bas du corps se termine en feuillages.

3 — Le TROISIÈME est un écu sur le champ duquel se voient les vestiges de trois coquilles. L'écusson est soutenu par deux éphèbes cantonnés de coquilles, de chaque côté un grand R, nitiale de Robert. A gauche, un cavalier élégant, monté sur une licorne porte un casque. A droite, des chevaliers drapés à l'antique, soutiennent un cartouche où sont incrustées les initiales liées de Jehanne et de Robert.

4 — Le QUATRIÈME est encore un écu avec trois coquilles sur le champ. On y remarque un I inscrit dans une couronne, et, à droite et à gauche un D quadrangulaire. A chaque extrémité, sont des enfants et des oiseaux perdus dans des rinceaux.

5 — Le CINQUIÈME MOTIF se compose d'un écu mutilé entouré d'une couronne, soutenu par deux ours émergeant d'un culot de feuillage. A gauche, et à droite, on aperçoit deux personnages.

6 — Le SIXIÈME se compose d'une immense tête humaine barbue s'épanouissant en ornementation.

7 — Le SEPTIÈME MOTIF est un blason chargé de six croix de Saint-André. L'écu est entouré d'une couronne. La décoration se complète par de très délicats rinceaux.

8 — Le HUITIÈME compartiment est formé d'un blason mutilé, inscrit dans une couronne et accompagné de rinceaux.

9 — Le NEUVIÈME est une suite de rinceaux de feuillages dont le centre est une tête de petit Amour.

10 — Le DIXIÈME et dernier représente un écu dans une couronne, accompagné d'une crosse épiscopale. Deux oiseaux émergent de deux cornes d'abondance. Au-dessous se lit la légende *Durum patientia trangel*. A droite, deux griffons accolés.

LES BUSTES

Nous ne saurions mieux faire que de reproduire ici in extenso
*les descriptions données dans le journal l'*Art. *par* M. Henri Jouin.

---

11 — Messire Almaric, baron de Montal, a la tête coiffée
d'une toque, son regard est légèrement tourné vers la droite ;
le noble châtelain porte une chemise plissée, dont le col dépasse
le pourpoint ; un manteau bordé de fourrure couvre les épaules ;
sur la poitrine tombe un médaillon soutenu par une chaîne
délicatement travaillée. Une sérénité pleine de distinction carac-
térise le personnage.

12 — Dame Jehanne de Balsac, dame de Montal, veuve
d'Almaric, porte une coiffe sans broderie, sans ornement,
dont les plis sévères encadrent le visage comme un voile de
deuil. Une guimpe d'étoffe commune, qui n'a pas été froncée,
couvre la gorge. Le visage, empreint d'une tristesse concentrée
a je ne sais quoi d'austère et de résigné. La baronne de Montal
a cinquante ans, mais ses traits réguliers ne sont pas sans beauté.
La châtelaine a-t-elle voulu révéler la date de son deuil par le
millésine 1527, gravé sur la pierre près de son buste ? Peut-
être faut-il voir dans cette inscription un reste de coquetterie
de la femme qui, sans nul donte, dut porter des habits moins
sévères, un regard plus vif, des lèvres plus souriantes au temps
de son éclatante jeunesse ou de sa prospérité ?

13 — MESSIRE ROBERT, baron de Montal, le fils aîné de Jehanne, glorieusement tombé sur les champs de bataille du Milanais, revit dans un buste élégant et suave. Les conseils de la mère ont visiblement guidé l'ébauchoir du sculpteur. C'est un visage voilé de mélancolie que l'artiste a taillé dans la pierre. La plume ne saurait en traduire les nuances. Le jeune héros a senti l'aile de la mort effleurer sa chevelure. La grâce languissante de ses traits nous rappelle le

> Purpureus veluti cum flos succisus aratro
> Languescit moriens

du poëte latin. Et quelle richesse dans le costume de Robert ! Largement drapé dans son manteau. le baron de Montal est vêtu d'un pourpoint garni de fourrures ; le col de la chemise est en fine dentelle ; un large feutre en plumes flottantes couvre sa tête. et sous le bord du chapeau est sculpté, dans un médaillon qui a les proportions d'un camée, un petit buste de femme. N'est-ce point l'image de sa mère, que porte ainsi, comme un talisman, Robert de Montal.

14 — Buste de VIEILLARD (FRANÇOIS DE SEVRAILLES), dont le costume rappelle celui des présidents à mortier. Une toque en forme de bonnet de docteur couvre les cheveux. Le visage est positif et quelque peu sceptique. Le regard est dirigé vers l'épaule gauche. La composition des traits permet de reconnaître dans ce personnage un membre de la famille de Montal ; toutefois. le rude vieillard ne paraît pas atteint de cette tristesse intérieure qui se reflète avec une si grande intensité sur les traits de Jehanne et de ses enfants.

> Chacun de ces bustes est inscrit dans un médaillon surmonté d'un tympan triangulaire avec pinacle à la partie supérieure.

LA STATUE DE LA FORCE

15 — Dans une des niches qui décoraient une des façades de la cour de Montal on voyait entre les bustes d'Almaric et de Jehanne, une statue de femme cuirassée et casquée qui représente la Force brisant des obstacles en étouffant une hydre. Sur la cuirasse on lit les mots suivants : JE SUIS FORCE. La statue repose sur un cul-de-lampe que supporte un pilastre.

LA PORTE DU MANOIR

16 — Le couronnement est orné de chimères brisées. Au-dessous, dans des niches dont le sommet est formé par des coquilles inversées et qui sont encadrées par des pilastres élégants, on voyait des motifs mythologiques malheureusement mutilés.

LA PORTE DITE DE FRANÇOIS Ier

17 — Cette porte se trouvait au premier étage. Elle est plus élégante que celle du manoir. Les deux pilastres qui l'encadrent, surmontés de leurs chapiteaux à volutes sont ornés d'arabesques. Une tête de profil, un chevalier, casqué et cuirassé, domine cette porte, véritable joyau lapidaire, plein de grâce et de simplicité.

LES LUCARNES

1re LUCARNE

18 — Le bandeau de cette lucarne est formé de tritons
domptés par des amours entourés de rinceaux ; il est surmonté
d'un écu, blasonné des coquilles de Montal et des croix de Saint-
André des Balsac. A droite et à gauche de l'écu sont deux bustes
d'un style passionné.

On voit, au-dessus, un chevalier, portant sa tête dans la
main droite, et ce chef est une tête de mort. Composition rap-
pelant les mélancoliques créations d'Albert Dürer.

Dans un élégant cartouche qui termine la partie supé-
rieure couronnée de clochetons, on lit la formule sacramentelle
Plus d'espoir.

2e LUCARNE

19 — Deux amours supportant un cartouche dans lequel
figurent les deux initiales de Jehanne de Balsac. Au-dessus est
un buste cuirassé et casqué, exécuté avec une habileté raffinée.
Au-dessus de ce buste, un bas-relief représente un chevalier
renversé tenant une tête de mort et sur une banderole, on lit :
Mort ge suis y. Dans la niche au-dessous des clochetons, on
aperçoit une figure laurée.

Cette très remarquable mansarde se termine par des chapiteaux historiés de chimères et des clochetons aériens. La partie inférieure est agrémentée de chapiteaux variés.

3ᵉ LUCARNE

20 —- Le bandeau de cette lucarne est chargé de rinceaux
au milieu desquels s'épanouit un oiseau fabuleux à deux têtes.
Au-dessus, deux guerriers soutiennent un écusson qu'un mufle
de lion ailé semble porter dans sa gueule. La formule fatidique,
Plus d'espoir, reparaît dans un cartouche, et dans la niche
qui orne le pinacle, se meut une Folie agitant sa marotte et ses
grelots.

STALLE A DEUX PLACES

21 — Elle est en forme de niches accouplées encadrées
de pilastres d'ordre composite. Frise et couronnement à motifs
de chimères et coquilles.

22 — Petit Edicule en forme de niche (porte-flambeau)
encadrée de deux petits pilastres supportant un dais finement
décoré d'ornements divers. A ce lot sera joint un fragment de
frise en pierre sculptée : rinceau.

23 — Couronnement de Buste, composé de deux fragments se rassemblant en triangle et formant tympan.

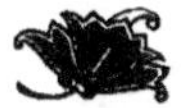

www.ingramcontent.com/pod-product-compliance
Lightning Source LLC
LaVergne TN
LVHW010854180726
843502LV00010B/3895